CW00402100

Haikus

-Bóveda y letras ediciones-

Cualquier forma de reproducción, distribución, comunicación pública o trans- formación de esta obra solo podrá ser realizada con la autorización de las autoras y los autores.

© De la presente edición: Bóveda y letras ediciones.

© De los textos: Manuel Ponce Barrones, 2021.

© Ilustración de portada: Javier Naranjo De la rosa.

© Prólogo realizado por: Frank Diaz.

ISBN: 9798533077057

Haikus

神の愛

-MANUEL PONCE BARRONES-

Prólogo

Tuve el placer de conocer a Manuel cuando aún era un niño. Cruzó el umbral de mi gimnasio de Taekwon-Do y Budo Taijutsu durante su niñez y adolescencia.

Recuerdo que tenía increíble hambre de conocimiento, con respecto a las técnicas, historia, filosofía de las artes marciales. Manuel siempre ha sido una persona muy disciplinada y que sin duda, esto se refleja en este libro.

Resumiendo, el *Haiku* es un tipo de poesía de origen japonesa, generalmente se escribe en 3 versos con estructura de 5, 7 y 5 sílabas para terminar con un total de 17 sílabas. Los temas más comunes de la poesía *Haiku* incluye la naturaleza con sus complejidades y la naturaleza humana.

Plasmar una idea o sentimiento a través del haiku requiere una extraordinaria habilidad y delicadeza.

Manuel transmite con ingenio y maestría, una especial espiritualidad y sensibilidad a través de sus haikus, los cuales llegan directamente al corazón del lector.

Espero que todos los lectores saboreen y disfruten de esta magnífica obra.

Frank Díaz

Sueño de cristal

Ambiguo y celeste

Nuevo amanece

Corazón dócil

Donde pasta el rebaño

Yace en silencio

Hiede la carne

En tumbas lúgubres

Sonríe la hiena

Aún el maestro

Es alumno del sol

Y testigo del cielo

La piedra besa

Abismos del manantial

Mientras se destruye

La mariposa

Se sacia de rocío

Toma lo justo

Es el silencio

El lenguaje del alma

Que muda implora

La fuerza del sol

Cuida la flor que luego,

Seca marchita

Flor de cerezo

Que danzante en el aire

Muere en sus vientos

La disciplina

Seca la rama otoñal

Riego constante

La nieve blanca

Haya cuando se va...

Su amor de nácar

Bebe montaña

Crepúsculo y aurora

Durmiendo eterna

La noche sueña

Con grillos y canciones;

Silencio, armonía...

El alma inquieta

El tiempo secando hojas

Vieja madera

Rosal y néctar

Traga dulce el avispón

Seduce y bebe

Me evade el aire

Que sabe peinar los ríos

Saciando el cauce

Cielo naranja

Montaña orgullosa

Besos de otoño

La garza vuela

Alineando sus alas

Su sombra en el mar

Agua cristal

Fresca y bendita arena

Donde veo mis pies

Esponjas blancas

Se mueven relajadas

En la calma azul

Es el camino

Espiral inclinada

Verde montaña

Al gato negro

Le delata la luna

Aun en la sombra

Roja amapola

Vida crisálida

Duermen desnudos

Teje la araña

Entre flores y espinos

Hace su nido

Alma volátil
Planea hacia el éxito
Reptando en miseria

Bruma grisácea

Vuela bajo el jilguero

Colina oculta

Tres corazones

Unidos por un tallo

Fluye la vida

Cantan los grillos

El arroyo murmura

La noche escucha

Igual que en la flor

Como en el mar y el cielo

Encuentro a mi Dios

Camino andado

Montañas sin hogares

Sandalias rotas

¿A dónde vamos

sobre suelo de nubes

y huellas errantes?

Ya no hay sombra

El campo está marchito

Crujen las hojas

Nació sin deudas

Sobrevivió entre grietas

Murió en soledad

Quien se arrepiente

Tiene la opción de empezar

La senda de Dios

Me abraza el creador

Me mima, corrige y habla

Lleva mi carga

Sigo sus huellas

Nada borra la arena

Ni viento, ni agua

Un árbol crece

Sus hojas se marchitan

Pero dio fruto

Abrazo de Dios

Luz que abre el camino

Soy bendecido

Adelfa blanca

Altares celestes

Nido excelente

Camino recto

Sin desvío ni destino

Solares vacíos

Un panal dulce

Cuando no te conviene

Te arde en la boca

Bahía azul

Canto de las gaviotas

Frente a la roca

Pincel bendito

Camino de acuarela

Sin lienzo, ni óleos

Un verde olivar

En tus rasgados ojos

Es flor de otoño

Bebe el pájaro

En fuente que gotea

Saciando su sed

Crujen las hojas

El camino está seco

Duelen los huesos

Canta el gorrión

Danzan las olas del mar

Compone el cielo

Cedro desnudo

Caricias del almendro

Besos del junco

Caramelo en flor

Dulce fruto de higuera

Banquete de Dios

Yerma la luna

Cuando el sol se deja ver

Canta el gorrión

Brota el almendro

Esperando su tiempo

Cae una hoja...

El agua fluye

Se lleva algunas piedras

Las más frágiles

El alboroto

Es desorden del alma

Dolor y vacío

Bebo en la fuente

Cae agua como cristal

Riega unos nardos

La primavera

Jacintos y monedas

Huerto prohibido

El desenfreno

El deleite en las curvas

Causan la muerte

La brisa de noche

Sopla en la cortina

Que besa en silencio

En el invierno

Bebe más el almendro

Se ahogan las flores

Senos de plata

Piernas y vientre de oro

Alma de rana...

Vuela el pájaro

Anida en las alturas

Muere en el suelo

En la cumbre está

Se oculta en lo profundo

Busca el secreto

Rosal y néctar

Traga dulce el avispón

Seduce y bebe

Sol para todos

Tuya la estrella que miras

La luna es mía

Llega el invierno

Las camelias florecen

Lluvia bendita

Bosque de bambú

Sigo a las luciérnagas

Llego a las aguas

Es la familia

Un regalo del cielo

que hay que mantener

Miro a los ojos

Marrón, verde y azules

Sus almas claman

Brillan las hojas

La luz las transparenta

Bailan a compás

Húmeda tierra

Descalzo la siento en mí

Caricias de Dios

En niño mama

El adulto trabaja

Y el viejo enseña

Fuertes arboles

Deshacen sus cortezas

El tiempo ayuda.

El buen camino

Manantial de la vida

Siempre a tu favor

Quién sigue al creador

Alcanza las estrellas

Pudiendo brillar

Sigue a la oveja

Como pluma en el viento

Indica el camino

Descalza tus pies

Y presta atento tu oído

Al fuego que arde

Siente la sombra

Disfruta de mar y el sol

Trabaja duro

Sólo el valiente

Que atado a la roca

Alcanza la miel

Canta el ruiseñor

Gorriones y jilgueros

Respiro armonía

Susurra el agua

Las olas caracolean

Cuentan un rumor

Aire húmedo

Los árboles se mecen

Llegó el invierno

Destila el rocío

Dando vida a la grama

Crece la hierba

Como una fuente

Es el niño que llora

Lo abraza el padre

El amor de Dios

En espada punzante

Es medicina

Como carcoma

Es la ira y el enojo

Lepra en el alma

Las rosas se abren

Repletas y vigorosas

Dios las renueva

Topacio y jazmín

Acumulan mi lecho

Huele a perfume

Suena la flauta

La música habla de ti

Besando mi oído

Borra tus huellas

El mar con sus olas

Y Dios el pecado

Bajo el cerezo

En la sombra cautivo

Descansa el poeta

❖ AGRADECIMIENTOS

Quiero agradecer primeramente a Dios por regalarme cada momento de vida, cada sol, cada luna, cada paisaje y cada experiencia vivida, ya fuesen buenas o dificiles.

Gracias por ser mi mejor amigo y mostrarme su amor a traves de cada cosa que ha creado para mi.

Gracias por instruir y no soltar a este guerrero y poeta.

Quiero dar las gracias a quien fue mi instructor de la "Bujinkan dojo" en mi niñez y juventud. El maestro de artes marciales, (Frank Diaz). Gracias por aceptar colaborar y darme el honor de tenerte como prologuista en este manuscrito.

Tambien agradecer al escritor novelista (Javier Naranjo De la rosa) por ilustrar y realizar la portada de esta obra.

Y por supuesto, a ti lector. Por dedicar tu tiempo a leer algunos de los Haikus que he compuesto desde la armonia del alma para compartir contigo este amor que siento.

Los tiempos pasarán, pero el amor de Dios y su palabra es eternidad.
Y eso me hace vivir agradecido, en todo momento.

神
の
愛

Disponible en

Obras del autor

COORDENADAS AL CORAZÓN

EL DIARIO DE LAS ESTACIONES

CONFINAMIENTO DE VERSOS

Disponible en

 LORCA, ME ROBA EL ALMA

 CRÓNICAS DE UN NÁUFRAGO

 MI POETA

Contacto: bóvedayletrasediciones@hotmail.com

Ⓦ Enfoca la cámara de tu dispositivo móvil sobre esta imagen y podrás disfrutar de contenido extra con algunas de las obras del autor de forma GRATUITA.

-Código QR de uso personal-

También puedes acceder entrando en este enlace por internet:

Ⓦ https://manuponce88.wordpress.com

Printed in Great Britain
by Amazon

73774867R00071